1866년 가을 햇살이 반짝반짝 빛나던 어느 날,
강화도 읍성 고려궁지 터에 단아하게 자리 잡은 외규장각이 불탔습니다.
비단으로 만든 책들과 귀중한 물건들이 활활 불에 탔어요.
외규장각은 귀중한 자료들을 보관하는 왕실의 부속 도서관입니다.
그런 외규장각이 한 줌의 검은 재로 변했습니다.

글쓴이 **최지혜**

강화도 어느 산자락에서 바람숲 그림책 도서관을 운영하고 있습니다. 젊은 시절 아이들과 함께 프랑스에 거주했어요.
지금은 어린이책을 쓰고, 그림책을 좋아하는 사람들과 '바람숲아이'라는 모임을 만들어 좋은 그림책을 소개하고
번역하는 일도 함께 하고 있습니다.
지은 책으로는 《훈맹정음 할아버지 박두성》, 《도서관 고양이》, 《돌담집 그 이야기》, 《바람숲 도서관》 등이 있고,
옮긴 책으로는 《도시야, 안녕!》, 《내일을 위한 정원 산책》 등이 있습니다.
《도서관 고양이》는 초등학교 1학년 국어 교과서에 수록되었습니다.

그린이 **신소담**

《어린이와 문학》과 '푸른 동시놀이터'를 통해 등단했습니다. 어린이책에 글을 쓰고 그림을 그리고 있습니다.
독자에게 울림을 주는 이야기 씨앗을 찾아 오늘도 두 눈을 반짝이고 있어요.
쓴 책으로 《요정도 우산이 필요해》가, 그린 책으로 《차례》, 《체할라, 천천히 먹어》, 《전설의 달떡》, 《상추로 쌓은 탑》,
《똥이 어디로 갔을까?》 등이 있습니다. 《할머니 등대》, 《주황 조끼》, 《똥지게 총각 아무개》, 《모두의 앵두》를 쓰고 그렸습니다.

똑똑한 책꽂이 38

외규장각 이야기
조선 왕실의 보물 창고

1판 1쇄 발행 2024년 6월 4일
글 최지혜 | **그림** 신소담
펴낸이 김상일 | **펴낸곳** 도서출판 키다리
편집주간 위정은 | **편집** 이신아 | **디자인** 이기쁨 | **마케팅** 백민열, 장현아 | **관리** 김영숙
출판등록 2004년 11월 3일 제406-2010-000095호 | **제조국** 대한민국 | **사용연령** 5세 이상
주소 경기도 파주시 심학산로 10 | **전화** 031-955-9860(대표), 031-955-9861(편집) | **팩스** 031-624-1601
이메일 kidaribook@naver.com | **블로그** blog.naver.com/kidaribook
ISBN 979-11-5785-702-9 (77910)

- 이 책의 저작권은 키다리 출판사에 있습니다.
- 저작권법에 의해 한국 내에서 보호를 받는 저작물이므로 무단전재와 무단복제를 금합니다.
- 잘못된 책은 구매하신 곳에서 교환할 수 있습니다.

외규장각 이야기

조선 왕실의 보물 창고

최지혜 글 | 신소담 그림

먹 향을 머금은 책을 좋아하는 나는 조선 시대 때 만들어진 도서관이야.
조선 시대 도서관이 들려주는 이야기, 들어 볼래?

조선 시대 궁궐 안에는 도서관이 있었어.
왕립 도서관인 '규장각'인데,
그곳에는 역대 임금님들이 쓴 글과 왕실의 귀한 자료들이 보관되었어.

정조 임금은 중요한 왕실 자료들이 더 안전하게 지켜지길 바라며
강화도에 규장각의 부속 도서관을 만들게 했어.
그게 바로 나, 외규장각이야.

강화도는 지리적으로 한양에서 가깝고, 바다로 둘러싸인 섬이라
다른 나라의 침략으로부터 좀 더 안전하다고 여겨졌어.
실제로 고려 시대에 몽골군이 쳐들어왔을 때, 육지에서만 살았던 몽골군들은
바닷물이 무서워 강화도를 점령하지 못했다고 해.

정조 임금은 왕실의 역사와 문화적 자산이
후세에까지 이어지길 바라는 마음으로
강화도에 도서관을 만든 거지.

외규장각에는 왕실의 귀한 물건들이 보관되었는데,
그중 가장 중요한 것은 '의궤'였어.
의궤는 왕실의 중요한 행사와 의례의 모든 과정을 글과 그림으로 기록한 책이야.
의궤는 두 종류로 만들었는데 오직 왕을 위해 만든 어람용 의궤와
관련 업무를 담당하는 관청에 보관하기 위한 분상용 의궤가 있어.

외규장각인 내가 보관했던 의궤는 대부분 어람용 의궤였어.
어람용 의궤는 최고의 궁중 화가와 전문가들이 최고급 재료를 사용해 만들었어.
은은하면서도 화려한 비단 표지에 놋쇠 장식을 달았고,
최고급 종이에 오랫동안 색이 변하지 않는 천연 물감으로 글과 그림을 담았지.
나는 그 귀한 책들을 보관하는 일이 좋았어. 뿌듯했지.

내가 보관한 자료들은 왕실에서 국가 행사를 주관할 때
전례*를 참고하기 위해 왕이 직접 와서 읽어 보기도 했고,
궁으로 가져가서 기록들을 찾아보는 데 요긴하게 사용되었어.
귀중한 자료들이 좀이 쓸거나 습기로 인해 훼손되지 않도록
관리인들이 햇볕에 말리고 바람을 쐬어서
언제나 뽀송뽀송한 상태를 유지했단다.

*전례 : 이전부터 있었던 사례.

1866년 10월!
나는 그날을 잊을 수 없어.
강화도에 침략한 프랑스 군인들은 외규장각에 있는 귀중품들을 닥치는 대로 약탈해 갔어.
그들의 눈에도 어람용 의궤가 꽤 귀해 보였는지
어떤 내용인지, 얼마나 가치 있는 물건인지도 모르면서
가져가 버렸어.

나는 남겨진 자료들이라도 지키고 싶었지만
프랑스 군인들은 그마저도 내버려 두지 않았어.
그들은 외규장각 곳곳에 불을 지르고 떠나 버렸고,
나는 귀한 자료들과 함께 불길 속으로 사라졌지.

오랜 세월이 흘렀어.
나는 검디검은 재가 되어 땅속에 묻혀
왕실의 역사가 담긴 소중한 책들을 그리워하며 하루하루를 보냈단다.

외규장각의 존재는 사람들에게서 점점 지워졌지.
아마도 박병선이라는 사람이 아니었다면
강화도의 외규장각과 어람용 의궤는 다시 모습을 드러내지 못했을지도 몰라.

역사학을 공부하던 박병선은
유럽의 문화와 학문을 배우고 싶어 프랑스 유학을 결심했어.
1955년, 유학을 떠날 때 박병선의 은사*인
이병도 선생님이 박병선에게 당부했어.
"병선아, 프랑스에 1866년 외규장각을 불태우고 약탈해 간
우리의 의궤가 있을 게야. 가거든 의궤를 꼭 찾아 보거라."
프랑스 유학 생활 중에 박병선은 선생님의 말씀을 잊지 않았어.

*은사 : 가르침을 받은 은혜로운 스승.

박병선은 의궤를 찾고자 고문서들이
보관되어 있는 곳은 어디든 찾아갔어.
아무리 힘들어도 차근히 자료들을 뒤졌어.
그런 그의 정성이 통했을까.
프랑스 국립 도서관 사서로 일하던 박병선은
동료 사서로부터 별관 수장고에 한자로 된 책들이
쌓여 있다는 이야기를 들었어.
한달음에 그곳으로 달려갔지.

박병선은 프랑스 국립 도서관 별관의 수장고에서
먼지로 뒤덮여 있는 의궤를 발견했어.
한국을 떠나 프랑스로 유학 온 지 20년 만의 일이었지.
폐기 수장고에 쌓여 있던 초록빛 비단 표지의 의궤는
먼지에 덮여 있어도 그 빛깔이 참으로 곱고 은은했어.
먹이 묻은 곳만큼은 좀이 슬지 않아서
먹 향이 은은하게 코로 들어왔어.

박병선은 긴 시간 노력해서 찾은 의궤를
우리나라로 돌려보내고 싶었어.
먼지에 파묻힌 의궤 한 권 한 권을 찾아내서
모든 사람들이 의궤에 대해 쉽게 알 수 있도록
책 제목과 내용을 풀어서 썼어.
의궤를 발견하고 13년 만에 297권의 의궤를 소개하는
《조선조의 의궤》라는 책을 발표했지.

프랑스에 있는 의궤를 우리나라로 가져오기 위한 움직임이 시작되면서
의궤가 소장되어 있던 외규장각을 복원해야 한다는 목소리들이 터져 나왔어.
사실 불에 타서 재가 된 옛 건축물을 복원하는 작업이 쉬운 일은 아니지.
흔적을 찾기 위한 발굴 작업, 문헌 고증* 등 까다로운 절차를 거쳐야 하니까.

*고증 : 예전에 있던 사물들의 시대, 가치, 내용 따위를 옛 문헌이나 물건에 기초하여 증거를 세워
  이론적으로 밝힘.

하지만 나는 꼭 다시 내 모습을 되찾고 싶었어.
의궤가 되돌아오는 데 힘을 보태고,
예전처럼 소중한 의궤를 보관하고 싶었지.

2003년,
그토록 간절히 원하던 일이 이루어졌어.
나는 원래 있던 고려궁지 안뜰에 복원되었고,
앞마당에서 외규장각 복원을 축하하는 잔치가 열렸어.
의궤가 우리나라로 돌아오기를 바라는 마음이
가득 담긴 행사였단다.

의궤가 우리나라로 돌아오는 데에는 많은 어려움이 따랐어.
뒤늦게 의궤의 예술적 가치와 품격을 깨달은 프랑스 국민들이
의궤 반환을 강력하게 반대했거든.
그들의 반대에 맞서 박병선과 우리 국민들은
의궤를 가져오고자 오랫동안 힘을 쏟았어.
의궤가 제자리로 돌아오기까지는 길고 긴 시간이 걸렸단다.

의궤가 나에게서 떠나간 지 145년 만인 2011년,
의궤 297권이 우리나라로 돌아왔어.
프랑스에서 포기하지 않고 50여 년을 애쓴
박병선의 의미 있는 행보 덕분이었어.

외규장각 도서의 귀환을
우리가 함께합니다.

강화도 옛 고려궁지 터에 있는 지금의 나는 옛날처럼 어람용 의궤를 보관하고 있지는 않아.
조선 시대에 내가 보관했던 귀한 자료들이 어떤 것이었는지,
어떻게 분실되었는지 역사적 사실을 알려 주고 있어.

프랑스에서 돌아온 어람용 의궤는 지금 어디에 있냐고?
서울에 있는 국립중앙박물관에 보관되어 있단다.

옛날이나 지금이나 우리는
기록하고 그것을 보존하는 일이
매우 중요하다는 사실을 알고 있어.
특히 조선 시대 사람들은
왕실에서 일어나는 일들을
글과 그림으로 남기는 것을
매우 중요하게 생각하였단다.
외규장각에 보관되었던 자료들은
오랫동안 보존될 가치가 있는
귀한 보물처럼 다루어졌어.
그러니까 나 외규장각은
'조선 시대 왕실의 보물 창고'였던 셈이지.

나는 내가 품은 귀한 자료들이 먼 훗날 누군가에게 영감을 주고,
과거와 미래를 이어 주는 역할을 하길 바랐어.
내 이야기를 들은 모든 사람들이
책들의 집, 지식의 보물 창고인 도서관에서
앞선 이들의 지혜를 만나 더 나은 미래를 가꾸면 좋겠어.

외규장각 알아보기

1782년 강화도 고려궁지에 지어진 외규장각은 조선 왕실의 부속 도서관이에요.
유네스코 세계 기록 유산으로 등재된 조선왕조 의궤와 왕실 물품을 보관했어요.

강화부궁전도 중 외규장각도
(국립중앙도서관 소장)

왕실의 도서관인 외규장각을 왜 강화도에 두었을까요?

조선 시대에 강화도는 수도인 한양과 가까우면서도 안전을 보장할 수 있는 국방의 요충지였어요. 외적이 침입했을 때 왕이 피난을 갈 정도로 안전한 곳으로 여겨졌지요. 이런 이유로 정조 임금은 강화도를 중요 기록물을 보관하기 적절한 곳으로 판단했어요.

의궤란 무엇일까요?

의궤는 조선 왕실에서 중요한 행사를 하거나 건축물을 지을 때 준비부터 마무리까지 모든 과정을 글과 그림으로 자세히 정리한 기록물이에요. 조선 시대에는 의궤를 한 곳에 두었다가 화재나 홍수 등으로 책이 손상될 때를 대비해 여러 권을 만들어서 이곳저곳에 나누어 보관했어요.

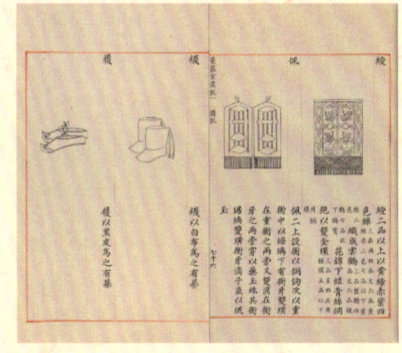

경모궁의궤 본문
(서울대학교 규장각한국학연구원 소장)

외규장각에 보관한 의궤는 어떤 점이 특별할까요?

의궤는 제작 목적과 방식에 따라 두 가지로 구분해요. 여러 곳에 나누어 보관하기 위해 만든 분상용 의궤는 실무 관청에 보관하고 참고하는 용도로 사용했기 때문에 실용성이 강조되었어요.
반면 왕을 위해 특별히 제작된 어람용 의궤는 종이부터 글씨체, 그림, 제작 기법까지 당대 최고의 재료와 기술을 담았어요. 어람용 의궤는 문화재로서의 가치가 매우 높은 기록물이에요.
정조 임금은 강화도에 외규장각이 완공되자 규장각에 있던 어람용 의궤를 외규장각으로 옮기도록 명하고, 이후에 제작되는 어람용 의궤를 외규장각에 보관하도록 했어요.

강화도 외규장각에 있던 의궤가 어떻게 프랑스까지 가게 되었을까요?

19세기 중반, 서양 국가들이 조선에 통상을 요구해 오고, 나라 안에서는 서양 문물을 받아들이는 문제로 충돌이 일어났어요. 이런 혼란한 상황에서 1866년에 프랑스군은 조선의 천주교 탄압을 구실로 군함을 이끌고 강화도로 진격했지만 얼마 지나지 않아 패했어요. 프랑스군이 외규장각에 불을 지르고 퇴각하면서 외규장각에 있던 귀중한 기록물들이 대부분 불타고 말았지요. 프랑스군은 은괴가 든 상자와 외규장각 의궤, 왕실 자료를 가져갔어요. 그 후 외규장각 의궤는 프랑스 국립 도서관에 보관되었어요.

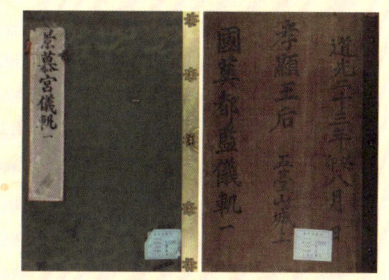
어람용 의궤(왼쪽)와 분상용 의궤(오른쪽)
(서울대학교 규장각한국학연구원 소장)

외규장각의 의궤는 어떻게 프랑스에서 한국으로 돌아올 수 있었나요?

1967년에 프랑스 국립 도서관에서 사서로 일하던 박병선 박사가 도서관에 의궤가 있다는 사실을 알고, 찾아 나서기 시작했어요. 1975년에 마침내 베르사유 별관 수장고 안에서 외규장각 의궤를 발견했어요. 이 일로 사서직에서 쫓겨난 박병선 박사는 매일 의궤를 연구해서 목록을 만들어 공개했어요. 1991년 정부는 그 목록을 프랑스에 전하며 반환을 요구했지만 반환에 대해 두 나라의 의견이 달랐어요.
외규장각 의궤는 2010년 3월에 협상이 재개되어 11월에 G20 정상회의에서 양국의 대통령이 만나 145년 만에 우리나라로 돌아오게 되었어요. 하지만 아쉽게도 완전히 반환된 게 아니라 영구 대여 형식으로 오게 되었어요. 돌아온 의궤는 현재 국립중앙박물관에 보관되어 있어요.

현재 외규장각

1866년에 불탄 외규장각은 어떻게 복원되었나요?

1991년 서울대학교에서 프랑스가 약탈해 간 외규장각 의궤를 돌려 받아야 한다는 주장이 제기되면서 이 문제가 국민들에게 알려지기 시작했어요. 그러자 강화도에 있던 외규장각을 복원해야 한다는 목소리로 이어졌지요. 1995년에 외규장각의 발굴 조사가 시작되었고, 2003년에 그 자리에 복원되었어요.

다시 태어난 외규장각은 전시관으로 꾸며져 외규장각의 설치 배경과 의궤의 반환 과정 등을 알리고 있답니다. 귀한 보물을 품었던 조선의 보물 창고 외규장각에 직접 방문해 보면 어떨까요?

외규장각 주소: 인천광역시 강화군 강화읍 북문길 42 | **전화번호**: 032-930-7078 | **운영 시간**: 매일 9 ~ 18시